DE L'UNIFICATION

DE LA

REPRÉSENTATION DES PAUVRES

ET DE

L'ADMINISTRATION DES ÉTABLISSEMENTS D'ASSISTANCE

PAR

J. DE TINGUY DU POUËT

AVOCAT, LAURÉAT DE LA FACULTÉ DE DROIT

EXTRAIT DE LA « REVUE GÉNÉRALE D'ADMINISTRATION »

BERGER-LEVRAULT ET Cie, ÉDITEURS

PARIS	NANCY
5, RUE DES BEAUX-ARTS	18, RUE DES GLACIS

1899

DE L'UNIFICATION

DE LA

REPRÉSENTATION DES PAUVRES

ET DE

L'ADMINISTRATION DES ÉTABLISSEMENTS D'ASSISTANCE

PAR

J. DE TINGUY DU POUËT

AVOCAT, LAURÉAT DE LA FACULTÉ DE DROIT

EXTRAIT DE LA « REVUE GÉNÉRALE D'ADMINISTRATION »

BERGER-LEVRAULT ET Cᶦᵉ, ÉDITEURS

PARIS | NANCY
5, RUE DES BEAUX-ARTS | 18, RUE DES GLACIS

1899

DE L'UNIFICATION

DE LA

REPRÉSENTATION DES PAUVRES

ET DE

L'Administration des établissements d'assistance.

L'assistance publique est peut-être la seule, entre toutes nos institutions administratives, dans l'organisation de laquelle n'ait pas pénétré l'esprit de symétrie et d'unité qui les caractérise d'ordinaire. Purement facultative pour les communes, elle s'est établie sans aucun plan d'ensemble, réglée dans son développement, surtout par les libéralités des particuliers. Aujourd'hui, son fonctionnement est assuré par quatre sortes d'établissements publics, le bureau de bienfaisance, l'hôpital, l'hospice et le bureau d'assistance, à côté desquels se placent plusieurs services non personnalisés, destinés à distribuer les secours qui restent en dehors de la compétence, étroitement limitée, des quatre sortes d'établissements que nous venons d'énumérer.

Ces organes multiples, ayant chacun un champ d'action particulier, reçoivent les libéralités faites aux pauvres dans les limites de leurs attributions, soit directement, s'ils sont personnalisés, soit par l'entremise de la personnalité imprécise des pauvres, s'ils ne le sont pas. On conçoit aisément à quelles difficultés peut donner lieu une pareille complexité, chaque service s'efforçant de défendre ce qu'il considère comme ses droits et de limiter, dans la pratique, la sphère de ses obligations. D'autre part, il arrive que, dans une même commune, telle branche de l'assistance est prospère, a des revenus surabondants, alors que telle autre y est encore en formation ou même n'y fonctionne pas du tout.

Pour remédier à cet état de choses, on a autorisé les établissements de bienfaisance à s'entr'aider dans la poursuite du but commun, le soulagement de la misère publique ; mais l'esprit particulariste des diverses commissions intéressées a laissé ces dispositions à peu près inappliquées. Actuellement, se poursuit une enquête parlementaire, au sujet d'un projet de loi qui a pour but d'unifier cette administration et, dans une certaine mesure, la représentation des pauvres. Nous voudrions examiner jusqu'à quel point les réformes proposées dans ce projet peuvent remédier aux inconvénients que nous venons de laisser entrevoir ; mais il est utile, auparavant, d'examiner un peu plus longuement l'organisation actuelle de l'assistance et, pour la mieux comprendre, d'en rechercher tout d'abord les origines historiques. Aussi, diviserons-nous cette étude en trois paragraphes : dans le premier nous indiquerons les principales étapes par lesquelles sont passées les institutions de bienfaisance de notre pays ; le second sera consacré à l'examen de la situation présente ; enfin, dans le troisième, nous indiquerons quelles sont les transformations proposées et jusqu'à quel point elles nous paraissent acceptables.

§ I

L'Église fut en France la première protectrice des pauvres ; après l'invasion des barbares, quand la misère se fut appesantie partout, elle fit entendre la voix de la charité et plaça les indigents sous la protection des évêques. En même temps elle profitait de sa haute puissance temporelle, pour établir des règles dont quelques-unes ont laissé des traces qui n'ont pas encore disparu. C'est ainsi qu'en 567, au concile de Tours, elle proclamait le principe qui forme toujours la base de notre système d'assistance, que chaque cité doit assister ses pauvres : *Quæque civitas pauperes suos alito*. Les riches seigneurs, répondant aux exhortations des prélats, tenaient tous, pour attirer la clémence de Dieu sur leurs âmes et ses bénédictions sur leurs familles, à faire, avant de mourir, quelques fondations charitables. Ces générosités furent encouragées par l'apparition de la lèpre. Une crainte superstitieuse, mêlée d'une profonde pitié, entourait ceux qui en étaient atteints ; on s'efforça de les isoler du reste des hommes pour arrêter le développement du fléau, tout en apportant, dans la mesure du possible, un soulagement à leurs souffrances. De toutes parts furent construits de nouveaux établissements hospitaliers destinés à les recevoir. Au xiiie siècle, sur le territoire qui forme aujourd'hui un seul de nos départements, l'Aube, et qui possède cinq ou six hôpitaux seulement, il s'élevait soixante-quatre léproseries, maladreries ou hospices.

Lorsque la foi fut moins vive, que le clergé se préoccupa plus de ses bénéfices que du soulagement des malheureux, un grand nombre de ces fondations tombèrent en décadence. Alors intervinrent des mesures administratives connues sous le nom d'édits d'union, par lesquelles le roi réunissait les biens des établissements insuffisamment dotés à ceux d'autres établissements plus riches, à la charge pour ceux-ci d'employer les revenus ainsi acquis au profit des malades de la communauté qui en bénéficiait primitivement. Là ne se bornait pas la sollicitude royale, on accordait en même temps aux institutions charitables des privilèges nombreux : exemptions d'impôts, perception de certaines taxes spéciales, etc..... ; on cherchait à faire pénétrer l'ordre et la régularité dans l'administration, en y donnant une place au curé, au seigneur et aux magistrats et notables de la paroisse. Ces réformes ne s'appliquaient pas seulement aux hospices. Il est une autre sorte d'établissements dont nous n'avons pas encore parlé qui en bénéficiaient aussi, c'étaient les bureaux des pauvres, véritables bureaux de bienfaisance, chargés de l'assistance à domicile. Ils remontent au xive siècle et s'étaient également créé, par les libéralités accumulées, un important domaine.

Ce tableau ne serait pas complet, si nous omettions les congrégations religieuses qui fournissaient le personnel nécessaire au fonctionnement de la plupart des institutions charitables et en entretenaient même un grand nombre à leurs frais.

En résumé, à la veille de la Révolution, les hôpitaux et les hospices étaient très abondants en France, soignant et nourrissant, avec des ressources qui provenaient surtout de leurs domaines, des indigents innombrables. C'est ainsi qu'à Paris, l'Hôtel-Dieu possédait, à lui seul, cinq mille lits. Les secours à domicile avaient reçu, eux aussi, un grand développement. Malheureusement, beaucoup d'abus s'étaient glissés dans ces administrations : on n'exerçait pas toujours un contrôle suffisamment sérieux sur l'état d'indigence des individus secourus ; les précautions hygiéniques nécessaires à la santé des malades ou des infirmes n'étaient pas toutes prises ; enfin, les revenus étaient souvent détournés de leur destination charitable.

.L'Assemblée nationale, émue de ces imperfections, nomma une commission pour étudier les réformes nécessaires. La Rochefoucauld-Liancourt lui présenta, au nom de cette commission, un rapport très remarquable, dans lequel, notamment, il faisait ressortir les avantages des secours à domicile, et montrait tous les dangers qui pouvaient résulter des établissements aussi vastes que ceux qui existaient antérieurement. Mais La Rochefoucauld-Liancourt et ses collègues de la commission, et, après eux, la majorité des membres de l'Assemblée, se laissèrent entraîner trop loin : ne prenant en considération que les besoins des pauvres, ils décrétèrent que l'assistance serait désormais un service national, alimenté par les fonds généraux du budget. Les biens dont les revenus avaient jadis suffi à entretenir tant d'institutions florissantes furent réunis au domaine de l'État, et, bientôt, on en commença l'aliénation avec celle des autres biens de ce domaine. En même temps, on décidait que les indigents ont un véritable droit à être assistés. Mais les caisses publiques n'étaient pas suffisamment remplies pour faire face à tous les besoins ; on s'aperçut bien vite que l'on avait fait fausse route et que l'on avait éveillé des espérances qu'on était hors d'état de satisfaire. Une loi de l'an IV suspendit la vente des biens des hôpitaux et hospices ; une autre, du 16 vendémiaire an V, leur rendit ceux de ces biens qui n'avaient pas été aliénés et décida qu'en échange de ceux qui l'avaient été, des biens nationaux de même valeur leur seraient attribués.

Les bureaux de bienfaisance furent ensuite organisés, par une loi du 7 frimaire an V, sur les mêmes bases que fonctionnaient jadis les anciens bureaux des pauvres. Ils reçurent d'abord, comme seule dotation, le produit d'un impôt d'un dixième sur le prix d'entrée des spectacles ; mais d'autres lois leur rendirent, peu après, une portion des biens consacrés à l'assistance à domicile avant la Révolution.

A travers notre siècle, le patrimoine des établissements de bienfaisance a continué de s'accroître ; des hommes généreux leur adressent encore, chaque jour, de nouvelles libéralités, si bien que les revenus de ce patrimoine constituent une portion très notable de leurs ressources. Le législateur est venu compléter sur certains points l'ancienne organisation ; à côté des hospices et des bureaux de bienfaisance il a placé les services des enfants assistés et des aliénés ; par une loi récente, celle du 15 juillet 1893, il a créé un nouvel établissement public, le bureau d'assistance, destiné au soulagement des malades pauvres.

§ II

Nous avons voulu montrer, par le rapide exposé historique qui précède, combien est ancien le patrimoine des établissements de bienfaisance et comment il s'est constitué peu à peu. Aujourd'hui se trouvent côte à côte dans la commune, l'hôpital, l'hospice, le bureau de bienfaisance, le bureau d'assistance et une foule d'autres institutions, telles que les asiles de nuit, les crèches, les orphelinats, etc..... ; de plus, existent des organisations intercommunales et départementales dont nous avons déjà cité les deux principales, les services des enfants assistés et des aliénés. Chacune de ces diverses administrations reste séparée et distincte dans sa constitution et ses attributions et peut recevoir les libéralités qui lui sont faites dans les limites de sa compétence. Cette situation est regrettable à deux points de vue. D'abord, elle complique toutes les questions relatives à l'acceptation et à la répartition des dons et legs faits en vue de l'assistance publique ; car l'établissement destiné à les recueillir et leur but même ne sont pas toujours nettement précisés. En second lieu, les pauvres sont souvent, pour des causes diverses, les premières victimes de cette multiplicité d'organes uniquement créés pour leur soulagement.

Quant aux inconvénients qui peuvent résulter de la multiplicité des patrimoines pour l'acceptation des libéralités, nous ne croyons pouvoir mieux faire que d'emprunter quelques lignes à la lettre adressée le 24 mai 1895 par M. Leygues, alors ministre de l'intérieur, à M. le président du Conseil d'État, pour lui demander de faire élaborer par la haute assemblée un projet de loi sur ce sujet : « La représentation des pauvres dans les communes, écrivait M. Leygues, est soumise, d'après la législation et la jurisprudence actuelles, à des règles si diverses, si opposées ; pour des hypothèses à peu près analogues, il en résulte de telles complications, spécialement au point de vue de l'acceptation des libéralités, qu'il me paraît nécessaire de rechercher le moyen d'établir l'unité de représentation des pauvres dans la commune.

« En fait, une libéralité destinée au soulagement des pauvres de la commune doit être acceptée selon les cas et suivant des nuances très subtiles, qui ne répondent peut-être pas toujours aux intentions réelles du bienfaiteur :

« 1° Par le maire de la commune ;

« 2° Par le bureau de bienfaisance ;

« 3° Par l'hospice ;

« 4° Par le bureau d'assistance.

« La raison de cette multiplicité éventuelle d'autorités compétentes pour accepter résulte de ce que la législation sur l'assistance publique est disséminée en des textes de dates différentes et de ce que, en cette matière, la loi la plus récente s'est superposée simplement, sans les abroger, à des lois antérieures.

« 1° Le maire tient de l'ordonnance du 2 avril 1817 (art. 3) pleine capacité lorsqu'il s'agit du « soulagement des pauvres de la « commune ». Son aptitude n'est limitée que par la compétence spéciale d'établissements charitables. Autrefois, il était l'unique représentant des indigents dans les communes dépourvues de bureau de bienfaisance ou d'hospice ; aujourd'hui, dans ces mêmes communes, il reste compétent dans toutes les circonstances où le bureau d'assistance créé par la loi du 15 juillet 1893 (art. 10) n'est pas apte à intervenir ; or, cet établissement ne peut intervenir que dans l'intérêt de l'assistance médicale gratuite, et, d'autre part, à défaut de bureau de bienfaisance, comme investi des droits et attributions d'un bureau de bienfaisance.

.« De telle sorte que dans cette hypothèse le maire est compétent pour accepter :

« *a*) Une libéralité faite à une commune pour création d'hôpital ou d'hospice (Cons. d'État, notes du 15 février 1894, Cantal, legs Tible) ;

« *b*) Le bénéfice résultant en faveur des pauvres de la commune de la fondation de lits de vieillards ou d'infirmes dans un hospice d'une autre commune ;

« *c*) Les legs faits au profit d'enfants pauvres, par exemple pour la fondation d'un orphelinat pour une crèche, etc. ;

« 2° Le bureau de bienfaisance accepte les libéralités qui lui sont adressées ou qui, faites aux pauvres, ou à la commune pour les pauvres, sont considérées par la jurisprudence comme faites au profit de l'assistance à domicile, par suite au bureau de bienfaisance chargé de ce service ;

« 3° La commission hospitalière accepte les libéralités qui lui sont adressées ou qui, écrites au nom des pauvres ou de la commune, là où il existe déjà un établissement hospitalier, sont destinées à l'hospitalisation par une clause de l'acte de disposition ;

« 4° Le bureau d'assistance a compétence pour accepter, outre les libéralités qui lui sont faites :

« *a*) Les libéralités écrites en faveur des pauvres malades ou en faveur de l'assistance médicale des malades privés de ressources ;

« *b*) Là où il n'existe pas de bureau de bienfaisance, les mêmes libéralités qu'un bureau de bienfaisance serait apte à recueillir, puisque alors le bureau d'assistance possède les droits et attributions du bureau de bienfaisance. »

A l'énumération de M. Leygues, nous croyons devoir encore ajouter que les services départementaux d'assistance peuvent eux aussi, bien que non personnalisés, recevoir des dons et legs. C'est le préfet qui accepte au nom des pauvres du département, comme le maire accepte au nom de ceux de la commune. Le préfet représente, en outre, les groupements de pauvres moins importants que le département et plus étendus cependant que la commune, tels que l'arrondissement ou le canton.

En dehors des inconvénients que nous venons de développer, résultent aussi de la complexité de l'organisation actuelle de notre assistance publique des difficultés nombreuses dans le fonctionnement des divers services qui la composent. Ces services, vivant dans un isolement plus ou moins complet les uns par rapport aux autres, sont parfois divisés et rivaux ; l'un renvoie à l'autre telle misère qu'il prétend ne pas rentrer dans ses attributions, mais faire partie de celles de son voisin. C'est ainsi que, depuis la loi du 15 juillet 1893, on a vu des hôpitaux refuser de recevoir des malades, par la seule raison qu'ils devaient être soignés à domicile. Dans un cas particulier qui s'est présenté à Tours, le préfet a cru devoir intervenir et prononcer d'office l'admission à l'hôpital. Nous n'examinerons pas jusqu'à quel point cet arrêté était légal ; mais le fait seul qu'il ait été pris montre la nécessité d'une autorité supérieure coordonnant l'action des établissements de bienfaisance. Cette nécessité apparaît non moins nettement, si on suit un ouvrier sans ressources, à sa sortie de l'hôpital, alors que, convalescent, il n'a pas encore retrouvé les forces nécessaires à la reprise de son travail. Des secours lui sont indispensables pour subvenir pendant quelques jours à ses besoins. Ces secours, il les demandera au bureau de bienfaisance ; mais, dans cette administration qui ne le connaît pas, il sera reçu avec méfiance et il faudra tout au moins une enquête ayant de faire droit à sa demande. En attendant, de quoi vivra-t-il ?

Si la multiplicité des organes d'assistance peut quelquefois retarder ou arrêter la distribution des secours, comme dans les hypothèses que nous venons d'énumérer, le fait inverse peut aussi se produire, plusieurs établissements ayant, sur tel ou tel point, une compétence concurrente. C'est ainsi, par exemple, que les hôpitaux, en vertu des lois des 7 août 1851 et 21 mai 1873, peuvent, s'ils ont des excédents de ressources, accorder des secours à domicile dans les mêmes conditions que le bureau de bienfaisance. Parmi les indigents, il s'en trouvera certainement d'assez habiles pour obtenir à la fois des secours des deux administrations, alors que d'autres, moins intrigants peut-être, n'en obtiendront d'aucune part, quoique plus nécessiteux.

Enfin, dans l'administration des biens des pauvres, l'organisation actuelle de nos services d'assistance présente un danger d'un autre ordre. Nous avons signalé une personnalité vague dont le domaine est pour ainsi dire sans limites, quant aux services qu'elle peut embrasser : la personnalité des pauvres. Nous avons dit également que, dans certains cas, le maire dans la commune et le préfet dans le département sont les seuls représentants de cette personnalité ; comme tels, ils sont aussi les seuls administrateurs des biens qu'elle peut acquérir. Or, le contrôle de l'administration du maire ou du préfet dans ce cas n'est établi par aucun texte. Ces magistrats restent seuls juges de l'opportunité qu'il peut y avoir de consulter les assemblées départementales ou communales sur l'emploi des ressources ainsi mises à leur disposition. Cette absence de contrôle est contraire aux principes de notre droit public, et permet aux maires et aux préfets de disposer des deniers des pauvres selon leur bon plaisir, plutôt qu'en considération des besoins des malheureux.

<h2 style="text-align:center">§ III</h2>

Les inconvénients que nous avons signalés dans le paragraphe précédent ont depuis longtemps attiré l'attention du législateur. Dès 1816, M. de Pastoret proposait de concentrer dans les mains et sous l'administration d'une commission unique, la représentation des pauvres et la gestion de leur patrimoine. En 1871, M. Lambrecht, alors ministre de l'intérieur, déposait, au nom de M. Thiers, chef du pouvoir exécutif, un projet sur la réorganisation des commissions administratives des établissements de bienfaisance. Ce projet tendait à l'unification de l'administration de l'hospice, de l'hôpital et du bureau de bienfaisance, situés dans la même commune. La commission de l'Assemblée nationale chargée de l'examen du projet, accepta la mesure, mais, sous la réserve qu'elle ne serait réalisée dans chaque commune qu'en vertu d'un arrêté préfectoral, pris sur l'avis conforme des commissions existantes et des conseils municipaux. Cette disposition a été supprimée dans le texte définitif qui devint la loi du 21 mai 1873, sans que l'on connaisse les circonstances ni les causes de cette suppression.

Les rédacteurs de la loi du 15 juillet 1893 ont entrevu la nécessité de la réforme. Dans les communes où existaient à la fois un hospice et un bureau de bienfaisance, ils ont placé les commissions administratives de ces deux établissements à la tête du bureau d'assistance, afin qu'ainsi réunies elles pussent se livrer à un travail commun. « Ce travail, disait l'exposé des motifs, sera un acheminement vers une centralisation des services d'assistance. Il est impossible de ne pas reconnaître qu'il y a actuellement dans ces services un certain désordre : surabondance ici, disette là; souvent des doubles emplois et partout absence de méthodes, etc... » La même idée a été exprimée dans le rapport de M. Rey, à la Chambre des députés. Mais ce n'était guère là que la manifestation d'une tendance. A la vieille organisation hospitalière on juxtaposa l'assistance à domicile, et l'on crut avoir assez fait pour la pénétration mutuelle des deux services, en leur donnant un point de contact dans la commission administrative du bureau d'assistance.

Le 24 mai 1895, M. Leygues, ministre de l'intérieur, adressait au président du Conseil d'État une lettre dont nous avons cité un long extrait, par laquelle il lui demandait de vouloir bien faire élaborer par la haute assemblée un projet de loi tendant à l'unification de la représentation des pauvres et de l'administration des établissements de bienfaisance. Le Conseil d'État étudia très sérieusement la question qui lui était soumise ; il y a lieu de citer notamment le rapport très documenté que lui présenta, à ce sujet, M. Bienvenu Martin, alors maître des requêtes. Entre temps, plusieurs changements de ministère se produisirent ; mais, l'on ne songea jamais à dessaisir le Conseil d'État. M. Bourgeois attira même son attention sur quelques points spéciaux que M. Leygues avait laissés dans l'ombre et, le 23 novembre 1897, M. Barthou déposa le projet sur le bureau du Sénat.

Les dispositions de ce projet portent sur cinq points principaux :

1° Il crée, dans chaque commune, une commission chargée de l'administration des divers établissements de bienfaisance qui s'y trouvent ; mais, dans aucun cas, la communauté d'administration n'entraîne celle de patrimoine. Les biens de l'hôpital restent distincts de ceux du bureau de bienfaisance, ceux-ci ne se confondent pas eux-mêmes avec ceux du bureau d'assistance ; la représentation et la direction de ces personnalités multiples est seulement concentrée dans les mains d'une seule commission. Les dons ou legs faits au profit des pauvres sans autre désignation ni affectation sont, par l'acte d'autorisation et après avis de la commission, répartis entre les divers établissements ou mis en réserve en vue d'une destination déterminée ;

2° Il facilite l'obtention de la qualité d'établissements publics à celles des institutions charitables qui ne la possèdent pas encore, en exigeant, dans ce but, un simple décret en Conseil d'État, rendu sur la demande du conseil municipal ;

3° Il généralise l'institution des commissions :

a) Une commission, dite commission départementale d'assistance, est chargée, s'il y a lieu, d'administrer les fondations, dons et legs faits au profit des pauvres du département ;

b) Si deux ou plusieurs communes se proposent de fonder un établissement intercommunal d'assistance, ou s'il leur est fait des dons ou legs dans ce but, il est formé entre les communes un syndicat conformément à la loi du 22 mars 1890, et une commission spéciale est chargée de l'administration de cet établissement ;

4° Il décide que le président de la commission représente les établissements soumis à son autorité en justice et dans les actes de la vie civile et qu'il a, en outre, le droit d'accepter les libéralités à titre conservatoire et de former avant l'autorisation toute demande en délivrance ;

5° Il institue, dans chaque commune, un bureau de bienfaisance et précise les obligations financières qui peuvent exister à sa charge au profit du bureau d'assistance.

Nous n'entrerons pas ici dans une analyse plus détaillée de ce projet. Les membres de la commission chargée de l'examiner ne lui firent subir que des modifications insignifiantes et le rapporteur, M. Chaumié, parlant au nom de la majorité, s'en déclara pleinement partisan, dans la séance du 15 novembre 1898. Le ministre de l'intérieur (qui n'était pas M. Leygues, bien que celui-ci fût à nouveau pourvu d'un portefeuille) ne prit pas personnellement part à la discussion et chargea M. Jules Legrand, sous-secrétaire d'État, de représenter le Gouvernement. Le Sénat fit d'abord au projet un accueil favorable ; mais ensuite, MM. Sébline, de Lamarzelle, Strauss et Milliès-Lacroix le combattirent. Ce dernier présenta un contre-projet qui fut renvoyé à la commission ; et, finalement, le rapporteur et le sous-secrétaire d'État s'associèrent à une demande d'enquête, sur l'opportunité de la réforme, qui fut adoptée sans discussion. Il est à craindre que l'opinion exprimée alors par un membre de l'assemblée ne devienne une réalité et que le vote de l'enquête n'équivaille à un ajournement indéfini ou, tout au moins, que cette enquête ne se prolonge longtemps avant d'avoir donné un résultat.

Les adversaires du projet lui adressaient surtout deux reproches ; d'abord de n'être réclamé par personne, ensuite d'être le premier pas vers l'unification et la confusion des patrimoines des établissements de bienfaisance. La première de ces attaques avait pour base principale une enquête faite en 1890 par le conseil supérieur de l'assistance publique. Dans cette enquête, les commissions administratives consultées s'étaient montrées, en majorité, adversaires de l'idée d'unification. Mais, comme le faisaient très justement remarquer MM. Chaumié et Legrand, l'enquête n'avait pas eu lieu sur des bases suffisamment larges. De plus, les commissions consultées étaient pénétrées de sentiments particularistes et routiniers très étroits. La plupart de leurs membres étaient remplis des meilleures intentions, mais craignaient de voir, par le fait d'une réforme, l'administration supérieure s'immiscer davantage dans le fonctionnement de l'assistance publique et restreindre leur influence ; de plus, ils redoutaient que, par l'adjonction de nouveaux membres, l'esprit des commissions dont ils faisaient partie ne vînt à être changé, et la répartition des secours modifiée. Ces considérations enlèvent, nous semble-t-il, aux opinions émises par les commissions la plus grande partie du poids qu'elles pouvaient avoir.

Quant à l'accusation de tendre vers la fusion des patrimoines des établissements de bienfaisance, elle est peut-être plus sérieusement fondée. Remarquons cependant que, dans le projet tel qu'il était présenté au Sénat, il n'y avait rien qui pût faire supposer une pareille intention ; on s'attachait au contraire à y marquer nettement la séparation de ces patrimoines. Mais à raison de la tendance centralisatrice qui se manifeste depuis quelques années dans la haute administration de l'assistance publique, particulièrement par le développement toujours croissant donné aux attributions des inspecteurs généraux, il semble probable que, dans un temps donné, on cherchera à fondre les divers services d'assistance en un seul. A cette fusion on objecte surtout que le domaine des établissements de bienfaisance s'est formé peu à peu et en grande partie par les libéralités des particuliers. Ces libéralités ont été faites spécialement en vue du genre d'infortunes pour lesquelles fonctionne l'établissement qui les a recueillies ; les réunir en un patrimoine unique serait, dit-on, violer la volonté des généreux donateurs et, sans doute, intimider pour l'avenir ceux qui seraient disposés à imiter leur exemple, car ils n'auraient plus la possibilité de faire le bien dans le sens particulier qui les intéresserait. Ces accusations n'étaient, nous le répétons, nullement justifiées par le projet présenté au Sénat ; et, alors même que ce projet aurait préparé, sinon l'unification complète des patrimoines, au moins un certain rapprochement entre ceux-ci, il aurait fait plutôt une œuvre utile. Nous croyons, en effet, que, sans aller jusqu'à la création d'un domaine charitable unique, il ne serait pas tout à fait déraisonnable de rapprocher les budgets des divers établissements de bienfaisance, aujourd'hui totalement séparés. Les hôpitaux, par exemple, jouissent souvent de revenus surabondants, alors que les bureaux d'assistance des mêmes communes trouvent difficilement les ressources qui leur sont nécessaires. Si, dans ces communes, on réunissait ces deux services, il est probable que cette réforme serait hautement avantageuse au fonctionnement de l'assistance médicale qu'ils ont pour but l'un et l'autre, tout en ne blessant que bien légèrement les susceptibilités de ceux qui ont pu faire des libéralités à l'un ou à l'autre.

Quoi qu'il en soit, le projet présenté au Sénat réaliserait, s'il était voté, un progrès considérable. Il unifierait la représentation des pauvres, dans la mesure où cette unification est possible, supprimerait les difficultés si multiples que nous avons signalées en matière de dons et legs ; enfin, il réunirait dans les mêmes mains l'administration des divers établissements de bienfaisance et contribuerait peut-être à leur donner une direction plus uniforme. En tout cas, il introduirait dans une des branches les plus compliquées de notre administration une simplification et une cohésion notables et fort désirables.

NANCY, IMPRIMERIE BERGER-LEVRAULT ET Cie